Les recettes et les textes sont de
Julie SOUCAIL.

Les photographies sont de SAEP /
Jean-Luc SYREN et Valérie WALTER.

Le graphisme et la mise en page sont de
Élisabeth CHARDIN.

La coordination a été assurée par SAEP/
Éric ZIPPER.

Composition et photogravure de
SAEP/Arts Graphiques.

Impression : Union Européenne.

**Conception : SAEP CRÉATION
68040 INGERSHEIM - COLMAR**

Julie Soucail

cuisine des papas célibataires

Dormonval

cuisine des papas célibataires

Le temps où l'on pouvait sans culpabilité régaler ses têtes blondes de purées en flocons, de hamburgers ou de raviolis en boîte est désormais révolu. La diététique est à l'honneur et celle-ci exige un minimum de connaissances, de logistique et de savoir-faire.

Donner à l'alimentation la place qu'elle mérite, c'est le défi que doit relever l'homme moderne qu'est le papa célibataire.

Dans le contexte de la vie actuelle, où le travail laisse peu de place à la vie familiale, la gestion du quotidien, dont le rituel du repas doit être un des repères, relève souvent de l'exploit.

Car cuisiner signifie aussi faire les courses, laver, peler, essorer les ingrédients, dresser la table, la débarrasser, faire la vaisselle, ranger... Et, parfois, après tous ces valeureux efforts, essuyer l'échec du « c'est pas bon, j'en veux pas », voire pire, le désespérant « c'est meilleur à la cantine ! ».

Vu sous cet angle, cela n'a rien d'encourageant ! L'alternative ne consisterait-elle pas à transformer cette contrainte en plaisir ? En changeant quelques habitudes, en apprenant à maîtriser certaines bases, et cela avec un minimum d'ustensiles adaptés, cuisiner devient vite un sas de décompression qui permet d'exercer sa créativité tout en se faisant du bien. La cuisine a ceci de symbolique qu'elle nous offre la possibilité de se réapproprier une partie de ce quotidien qui souvent nous échappe. Elle permet de finaliser, de produire quelque chose de bout en bout, d'agir pleinement sur son bien-être et sa santé. On peut même se demander si le respect de soi ne passe pas avant tout par ce que nous avalons et l'importance que nous lui accordons : « Dis-moi ce que tu manges, je te dirai qui tu es. »

Pas de panique, ce livre est fait pour vous aider et vous propose des recettes rapides et simples ! Vous verrez qu'avec un peu d'organisation vous deviendrez, sinon un as des fourneaux, du moins un cuisinier suffisamment averti pour régaler votre famille, vos amis, vous-même...

1 - S'organiser

Les courses

Le marché ou comment échapper au calvaire des courses ?

Y a-t-il quelque chose de plus rébarbatif qu'aller pousser un Caddie à l'hypermarché après une journée de labeur ? Peut-être, mais cela doit quand même figurer en bonne position sur la liste des galères de la semaine.

Il existe pourtant une alternative, certes moins économique mais ô combien plus agréable : le marché.

On y gagne largement en qualité et donc en quantité, en évitant les produits bas de gamme, souvent pleins d'eau, qui réduisent à la cuisson et se conservent mal.

En plus, cette activité devient vite un plaisir dont on ne peut plus se passer, on finit au café du coin, un petit crème sur le zinc, en feuilletant un quotidien. On y croise des gens, on fait des rencontres et l'on se laisse parfois entraîner jusqu'à l'apéritif. On complète ses courses au supermarché du coin ou sur Internet.

Choisissez un bon maraîcher, un bon boucher et un bon poissonnier et approvisionnez-vous régulièrement chez eux. Ils deviendront prodigues en conseils et vous guideront dans le choix de vos produits dès lors qu'ils vous reconnaîtront comme un client fidèle.

En choisissant des légumes de saison et de qualité et en laissant la voiture au garage, vous compenserez les prix parfois plus attractifs des hypermarchés.

Les incontournables du placard

→ Au congélateur

- légumes à cuisiner (purées de légumes en portion, haricots verts, petits pois, épinards en branches ou hachés...) ;
- des filets de poissons, des steaks hachés, des blancs de poulet ;
- des herbes, de l'ail, des échalotes... ;
- quelques fruits rouges pour l'hiver qui vous permettront d'agrémenter facilement un dessert, une salade de fruits ou de préparer un coulis ;
- des petits pains, des baguettes à cuire.

→ Dans les placards

- pâtes, riz, semoule ;
- légumes secs ;
- thon en boîte, sardines à l'huile ;
- fruits secs, chocolat à pâtissier, confiture, miel, chocolat en poudre ;
- huile neutre (tournesol, colza...), huile d'olive, un bon vinaigre ;
- sucre, farine ;
- moutarde, bouillon en cubes, sel, poivre (en grains de préférence) ;
- tomates en conserve ;
- pain de mie ;
- un assortiment d'épices (curry, paprika, noix de muscade, clous de girofle, piment...) ;
- thym, laurier.

→ Au réfrigérateur : lait, beurre, œufs, crème fraîche ou fromage blanc, yaourts.

Dans la cuisine

Avant de cuisiner, réunissez tous les ingrédients sur le plan de travail et commencez par les peser. Ensuite, lavez, épuchez et émincez-les avant de procéder à leur cuisson.

Rincez puis réutilisez au maximum les ustensiles qui ne sont pas très sales comme une casserole ayant servi à cuire des pommes de terre ou des carottes.

Prévoyez une assiette, une coupelle ou une feuille de papier journal et rassemblez-y les épluchures et les déchets que vous n'utilisez pas.

Ne vous laissez pas déborder : rangez les ingrédients au fur et à mesure. Utilisez les temps de

cuisson pour éclaircir la vaisselle, mettre la table.
Cuisinez en double : beaucoup de préparations se congèlent parfaitement. Chaque fois que vous préparez un plat, doublez les proportions et placez ce qui reste au congélateur. Divisez-les en portions, plus faciles à utiliser et à ranger dans le congélateur. N'oubliez pas de noter la date sur le sachet.

Kit de survie du cuisinier

les ustensiles indispensables :

- Un cuit-vapeur (la cuisson à la vapeur préserve mieux les valeurs nutritives des aliments).
- Une sauteuse à revêtement antiadhésif.
- Une ou deux poêles de tailles différentes et une poêle à crêpes.
- Un gril pour viande et poissons.
- Un bon couteau pour émincer, un fusil pour aiguiser, un couteau économe, une petite râpe, un presse-ail.
- Une passoire à grille fine que vous pourrez utiliser pour filtrer certains potages et sauces.
- Un plat allant au four.
- Une cuillère en bois, une spatule, une louche.
- Une planche à découper.
- Un fouet.
- Un tire-bouchon, un ouvre-boîte.
- Quelques boîtes en plastique avec des couvercles pour conserver les restes, des sacs ou des barquettes de congélation, du film plastique étirable, du papier absorbant.

Ces petits plus qui changent tout :

- Investissez dans un bon robot, qui vous procurera un incroyable gain de temps, surtout s'il est doté d'une bonne palette de grilles.
- Un petit hachoir électrique à herbes.
- Une cuillère à melon pour décorer vos plats, vous lancer dans le design culinaire ou – pour les moins créatifs – décliner toutes sortes d'assiettes « tête à toto » qui séduiront les têtes blondes les plus réfractaires : boules de concombre, de melon, de pommes de terre, de courgettes...
- Une poche à douille à plusieurs embouts pour varier leur look. Succès garanti !
- Des ramequins individuels.

2 - Avec les enfants

La diététique à table

Diversifiez au maximum l'alimentation, la règle étant de manger de tout un peu.

Construisez vos repas en fonction du plat principal en équilibrant avec une entrée et un dessert. Par exemple, si vous servez des lasagnes en plat principal, riches en protéines (fromage + viande), proposez des crudités en entrée et remplacez le fromage par une salade de fruits. On recommande en général de consommer 50 % de légumes pour 25 % de féculents (riz, pâtes, pain, pommes de terre...) et 25 % de protéines (viandes, œufs, poissons, fromages...), ce qui équivaut à 150 g de viande + 150 g de féculent + 300 g de légumes.
Sachez également que certains légumes et fruits secs (lentilles, amandes...) sont riches en protéines et peuvent de temps à autre remplacer la viande ou le poisson.

Les vitamines sont essentielles, et c'est majoritairement dans les fruits et les légumes qu'on les trouve. Les cuissons impliquent toujours une déperdition de vitamines, particulièrement si elles sont longues. Ne négligez donc pas les crudités. Si vous n'avez pas le temps de les préparer, décorez les plats principaux de tomates cerise, de quelques dés de concombre ou de fins pétales de radis. Utilisez-les pour mettre en scène vos assiettes.

Plus vos produits seront de bonne qualité, plus ils seront savoureux et moins vous aurez

besoin d'y ajouter des matières grasses. Variez les assaisonnements : jus de citron, sel de céleri, gomasio (sel toasté au sésame), saupoudrez-les de graines de lin, de tournesol, de courge... pour alléger tout en variant les saveurs.

Consommez des fruits frais tout au long de la journée : au petit-déjeuner, au goûter, au dessert et pourquoi pas en entrée...

Idées déco pour ne pas faire chou blanc

De manière générale, avec les enfants, évitez de surcharger les assiettes, jouez sur les formes et les couleurs en ajoutant quelques grains de maïs, une rondelle de citron, des dés de betterave. Composez des assiettes complètes avec hors-d'œuvre et plat qu'ils seront heureux de picorer.

Quelques idées pour « customiser » vos assiettes

- La cuillère à melon : utilisez-la pour faire des billes de melon, de concombre mais aussi de courgette, d'aubergine... que vous cuirez quelques minutes à la vapeur.
- Utilisez la peau des légumes préalablement lavée et enroulée sur elle-même pour former des fleurs.
- Taillez les carottes et les courgettes en forme de fleur : après les avoir pelées, pratiquez des entailles régulières en forme de V dans la chair, sur toute la longueur, puis détaillez-les en rondelles. Amusez-vous ensuite à superposer ces fleurs avec les billes.
- Utilisez des ramequins pour préparer des portions individuelles de flan, de soufflés de légumes.
- Tassez le riz ou les purées de légumes dans ces ramequins puis démoulez-les dans l'assiette.
- Vous pouvez aussi former des quenelles en utilisant deux cuillères à soupe.
- Présentez les fruits coupés dans des verres, ajoutez-y quelques boules de glace façonnées avec la cuillère à melon.

3 - Quelques bases utiles

Comment ça se lave ? Comment ça se pèle ? Comment ça se cuit ?

→ Légumes : dimanche dernier, vous avez fait l'impasse sur la grasse matinée pour faire le plein de légumes frais au marché. Vous êtes de retour, un cabas rempli de somptueuses feuilles de bettes, de choux-fleurs d'un blanc pur avec même une merveille esthétique de chou romanesco... Vous vous êtes vaguement fait expliquer par le maraîcher comment cela se prépare mais, là, de retour à la maison, toutes ces informations se bousculent et vous ne savez plus ce qui s'émince, se râpe, s'étuve, se braise... ni même si cela se pèle !
Certes, la tendance est aux légumes en décoration florale, mais avant de transformer votre salon en vitrine de fleuriste branché laissez-vous guider.

→ Artichauts : retirez la queue et les premières feuilles extérieures. Rincez-les et égouttez-les têtes en bas. Dégustez-les à la croque au sel ou cuit à l'eau et assaisonnés d'une vinaigrette à l'œuf dur. Farcissez les cœurs de béchamel au gruyère et faites-les gratiner.

→ Asperges : retirez l'extrémité terreuse et une partie de la tige filandreuse si elles sont grosses. Épluchez-les avec un couteau économe en prenant soin de ne pas endommager les pointes.
Servez avec une vinaigrette, une sauce mousseline ou cuisinez-les en velouté, soufflé, flan...

→ Aubergines : il n'est pas nécessaire de les éplucher. Si vous conservez la peau, rincez-les préalablement. Une fois qu'elles sont coupées, citronnez la chair pour ne pas qu'elles noircissent.
Pour les faire frire, il est indispensable de les faire dégorger dans une passoire, coupées en morceaux et saupoudrées de sel fin pendant 30 minutes. Essuyez-les ensuite avec du papier absorbant ou un torchon propre. Enduisez-les d'huile d'olive au pinceau ou farinez-les avant de les faire frire. Vous pouvez aussi les cuire au four, entières, en retournant à mi-cuisson pour qu'elles cuisent uniformément.
Dégustez-les détaillées en dés et sautées à l'huile d'olive, en gratin ou froides, en salade façon caponata sicilienne et, bien sûr, en ratatouille avec tomates, poivrons, courgettes, oignons.

→ Avocats : coupez-les en deux, retirez le noyau. Servez-les tels quels ou épluchez-les et détaillez-les en lamelles. Versez sur la chair un peu de jus de citron pour éviter qu'ils ne noircissent.
Dégustez avec une vinaigrette, en guacamole ou avec un cocktail de crevettes.

→ Bettes : leurs feuilles imposantes découragent souvent les novices et, pourtant, il serait dommage de se passer de leur bienfaits car, outre les sels minéraux qu'elles contiennent, elles sont particulièrement riches en fibres. Retirez l'extrémité terreuse des tiges. Lavez les bettes entières puis essuyez-les. Séparez les côtes (tiges des feuilles) et les nervures des feuilles. Ôtez si nécessaire les filaments, coupez chaque tige dans la longueur en 3 ou 4 morceaux puis recoupez en tronçons de 1 à 2 cm. Placez les feuilles les unes sur les autres, roulez-les sur elles-mêmes puis, avec une paire de ciseaux, coupez ce rouleau dans la largeur en plusieurs morceaux de 1 cm pour obtenir des lanières.
Servez-les en gratin : feuilles et côtes ou côtes seulement, avec des pâtes et un peu de fromage, en quiche, en tarte, en pastilla ou revenues à l'huile d'olive.

→ Betterave : elle se déguste crue ou cuite, mais on la trouve généralement déjà cuite dans le commerce. Dans les deux cas, il faut l'éplucher en veillant à bien protéger son plan de travail.
Version crue, servez-la râpée avec une vinaigrette et des copeaux de fromage de chèvre.
Version cuite : coupez-la en rondelles ou en dés et ajoutez-y des rondelles d'œufs durs, des noix, du fromage, des lentilles... Sa saveur se marie délicieusement avec celle de l'avocat.
Vous pouvez aussi la mixer avec un peu de crème ou d'huile de noix, de sel et de poivre et en tartiner des tranches de pain grillé.

→ Brocoli : lavez le brocoli sous un filet d'eau puis séparez-le en fleurettes. Coupez les tiges et détaillez-les en tronçons avant de les cuire à l'eau ou à la vapeur.
Servez-le avec un peu de crème ou de béchamel, en purée, en potage, en quiche, en mousse... Vous pouvez aussi le consommer froid (mais toujours cuit, sinon c'est un peu dur !) en hors-d'œuvre avec une vinaigrette ou en agrémenter une salade.

→ Carottes : elles se dégustent crues ou cuites, version salée ou sucrée (voir la recette du cake à la carotte p. 44). Il faut en général les éplucher sauf si elles sont particulièrement jeunes et tendres. Dans ce cas, ôtez d'abord les fanes, que vous pourrez éventuellement utiliser dans un potage, puis rincez-les et brossez-les légèrement. Dégustez-les râpées, en entrée (avec une sauce moutarde, miel, huile d'olive et vinaigre, par exemple), coupées en bâtonnets avec une sauce yaourt-ciboulette ou ricotta-basilic. En purée, en tarte salée, en potage, en flan...

→ Chou : coupez la base du chou, retirez les feuilles extérieures si elles sont abîmées. Coupez-le en quatre, lavez puis essuyez-le soigneusement. Émincez chaque partie avec un bon couteau en partant du sommet vers la base. Retirez les côtes qui vous semblent trop grosses. Pour le rendre plus digeste, il est conseillé de blanchir le chou en le plongeant dans l'eau bouillante 5 minutes.
Faites-le revenir ensuite dans un peu de beurre. Servez avec du petit-salé, des chipolatas ou des saucisses de Francfort.

→ Chou-fleur : coupez la base du chou-fleur, retirez les feuilles vertes extérieures puis séparez-le en bouquets. Rincez les bouquets à l'eau claire. Servez-le cuit avec un peu de crème et relevé d'une pointe de muscade, cru avec de la mayonnaise ou de la vinaigrette, et aussi en velouté, en gratin, en soufflé...

→ Choux de Bruxelles : ces petits légumes au goût délicat ont traumatisé des générations de demi-pensionnaires. Il est pourtant si facile de les servir autrement qu'en plâtrée verdâtre façon cantine. Retirez les feuilles extérieures si elles sont abîmées. Rincez-les soigneusement puis essuyez-les.
Vous pouvez aussi les émincer en lamelles (utilisez le robot pour aller plus vite) et les faire revenir doucement dans le beurre, écraser 1 ou 2 pommes de terre cuites et servir avec des chipolatas. Succès garanti pour ce plat gaiement coloré.

→ Chou romanesco : ce légume original offre un aspect esthétique qui plaît beaucoup aux enfants. Beau, ludique, rare, nutritif et surtout très fin, de quoi épater aussi vos invités...
Il se prépare comme le brocoli.
Servez-le froid avec une vinaigrette, une mayonnaise ou une sauce au yaourt, en garniture avec un peu de beurre ou de crème, en quiche, en flan, en soufflé...

→ Champignons de Paris : retirez les extrémités terreuses, rincez les champignons sous l'eau, puis essuyez-les. Coupez-les en tranches fines et ajoutez un filet de citron pour éviter qu'ils ne noircissent. Ajoutez-les crus à une salade composée, ou coupez-les en lamelles et servez avec une sauce moutarde. Préparez-les en potage en y ajoutant des champignons séchés et réhydratés type girolles ou cèpes.
Pour cuire les champignons à la poêle dans un peu de beurre, démarrez la cuisson à feu moyen 5 minutes environ jusqu'à ce que les champignons aient rendu leur eau puis prolongez la cuisson à feu doux jusqu'à évaporation du liquide. Ajoutez un peu de crème fraîche pour accompagner une escalope de veau ou de poulet.
Au four : ôtez les pieds des champignons et ne conservez que les têtes. Placez-les dans un plat, le côté bombé vers le bas. Enfournez-les à 210 °C (th. 7) pendant 15 à 20 minutes environ jusqu'à ce qu'ils soient légèrement dorés. Vous pouvez les farcir de beurre, d'ail, de fromage...
Façon plancha : huilez les têtes avec un pinceau. Cuisez au gril ou au barbecue, servez-les arrosés d'un filet d'huile d'olive et saupoudrés d'herbes fraîches ou séchées.

→ Courgettes : vous pouvez au choix conserver la peau (rincez-les préalablement), les éplucher entièrement ou partiellement (une bande sur deux). Coupez-les en rondelles pour les cuire à l'eau ou à la vapeur. En purée, gratin (p. 22), flan, façon tagliatelles en carpaccio (p. 58), frites, en beignets...

→ Céleri-rave : épluchez-le avec un bon couteau puis râpez-le ou détaillez-le en bâtonnets ou en cubes. Citronnez la chair pour éviter qu'elle noircisse. Servez-le cru, râpé avec une sauce rémoulade ou cuit, en purée, en soupe ou en soufflé.
Pour faire sauter des cubes de céleri, faites-les d'abord colorer quelques minutes dans un peu de beurre puis couvrez et prolongez la cuisson jusqu'à ce qu'ils soient tendres.
Le céleri se marie très bien avec les poissons et les crustacés, particulièrement le saumon (essayez le tartare de saumon sur un lit de céleri rémoulade) ou le crabe.

→ Céleri en branches : retirez les feuilles, rincez les tiges sous un filet d'eau puis taillez-les en bâtonnets et servez en dipping avec une sauce au yaourt et aux herbes.

→ Courge : potiron, butternut, potimarron... Les masques de Halloween sont d'abord de savoureux légumes tout en nuances.
Rincez et essuyez la courge puis ouvrez-la en deux avec un grand couteau, utilisez une cuillère pour retirer les graines et les filaments.
Pour l'éplucher, deux possibilités : coupez-la en tranches comme un melon puis en cubes et épluchez-la à cru. Utilisez un bon couteau plutôt qu'un épluche-légumes. Ou, plus facile, détaillez-la en gros morceaux et faites cuire à la vapeur ou à l'eau bouillante salée. Épluchez-la après cuisson.
Cuisinez-les en purée, en gratin, en soupe, en quiche, en flan...
En version sucrée : cake, garniture de crêpe, confiture et compote.

→ Concombre : il se consomme généralement cru. Épluchez-le avec un couteau économe. Il est préférable de le faire dégorger avant de l'assaisonner mais, si vous êtes pressé, vous pouvez vous dispenser de cette étape, la sauce sera un peu plus liquide, c'est tout.
Ouvrez ensuite le concombre en deux dans le sens de la longueur puis à l'aide d'une petite cuillère retirez les graines centrales. Détaillez-le ensuite en bâtonnets ou en cubes. Vous pouvez également le couper en rondelles sans retirer les graines, s'il n'est pas trop gros.
Placez ensuite les morceaux de concombre dans une passoire, saupoudrez de sel fin, mélangez légèrement et laissez dégorger 20 à 30 minutes. Essuyez-les ensuite avec du papier absorbant ou un torchon propre et réduisez la quantité de sel dans l'assaisonnement.

Servez-le avec une vinaigrette ou un peu de crème fraîche, de ciboulette ou de menthe.
Idée recette : mixez 1 concombre avec 25 cl de crème fraîche ou de yaourt, un filet de jus de citron et 1 cuillerée à soupe de menthe ciselée. Placez au réfrigérateur pendant 30 minutes pour servir cette soupe bien fraîche.

→ Endives : retirez les feuilles extérieures si elles sont abîmées, lavez les endives rapidement en les passant sous l'eau puis essuyez-les. Si elles sont petites et très fraîches, vous pouvez vous dispenser de la phase suivante. Sinon coupez le pied et, avec un petit couteau, retirez la partie centrale, qui produit l'amertume.
Servez-les crues en salade avec des noix et du roquefort ou, en version cuite, émincées puis revenues dans un peu de beurre et saupoudrées de sucre. Faites-les cuire à feu doux et à couvert puis ôtez le couvercle et laissez légèrement caraméliser. Vous pouvez remplacer le sucre par un peu de jus d'orange.

→ Épinards : ils se nettoient comme la salade, dans un grand volume d'eau. Retirez ensuite la queue et la nervure centrale en pliant la feuille en deux et en tirant sur la queue.
Dégustez-les crus en salade, particulièrement les jeunes pousses, assaisonnez-les d'huile de noix ou de noisettes ou ajoutez quelques pignons de pin légèrement grillés à la poêle.
En purée avec un peu de beurre, de crème ou, mieux, de béchamel ; en flan (p. 30) on peut aussi les parsemer d'un peu de fromage type roquefort, gorgonzola...
Idée recette : mélangez un reste de nouilles cuites avec des épinards cuits et hachés. Ajoutez un peu de crème fraîche, du sel et du poivre. Recouvrez de fromage râpé et faites gratiner 15 minutes.

→ Fenouils : au goût oublié d'anis, qui plaît beaucoup aux enfants.
Retirez les premières feuilles et les sommités vertes (gardez-les pour parfumer un potage). Émincez-les en partant du sommet vers la base pour les ajouter à une salade. Coupez-les en deux ou en quatre, selon leur taille, pour les cuire à l'étuvée : faites chauffer un peu de beurre dans une sauteuse, ajoutez les bulbes, le jus de 1 orange et quelques graines de cumin. Laissez cuire pendant 40 minutes à couvert puis ôtez le couvercle et prolongez la cuisson 5 minutes.

→ Haricots verts : il faut d'abord les équeuter et les couper en deux s'ils sont trop longs, placez-les ensuite dans une passoire pour les rincer. Le petit plus qui change tout : une fois les haricots verts cuits, égouttez-les et refroidissez-les sous l'eau froide, ils garderont ainsi une belle couleur verte. Égouttez bien à nouveau puis faites fondre une noix de beurre dans une poêle et réchauffez-y les haricots verts en mélangeant sans cesse pour qu'ils s'imprègnent bien de beurre. Terminez en parsemant de persil haché.

→ Petits pois : il suffit de les écosser. Dégustez-les braisés : faites fondre un peu de beurre, ajoutez les petits pois, versez un peu d'eau, saupoudrez d'un peu de sucre, salez puis cuisez à couvert.

→ Poireaux : c'est en général le blanc que l'on cuisine. On réserve le vert pour les soupes. Ôtez la base des poireaux puis coupez-les aux deux tiers, retirez les feuilles extérieures puis détaillez-les en rondelles ou en tronçons que vous diviserez en deux. Rincez-les dans un grand volume d'eau puis essorez-les. Vous pouvez aussi cuire les blancs entiers, coupés en deux dans la longueur, si vous les destinez à une entrée.
En salade, en entrée avec une vinaigrette, en soupe, revenus au beurre avec un peu de crème fraîche et une pointe de curry, en quiche.

→ Poivrons : la peau des poivrons peut se révéler très indigeste.
Pour la retirer facilement : coupez les poivrons en deux, retirez les graines et les cloisons blanches. Faites-les griller côté peau sous le gril du four 15 minutes environ, jusqu'à ce que la peau cloque et noircisse. Placez-les dans un saladier et couvrez hermétiquement d'un film plastique. Retirez ensuite la peau facilement à la main.
Faites-les mariner dans un bocal, recouverts d'huile d'olive avec de l'ail et des aromates.
Servez-les crus en salade (vous pouvez aussi les éplucher avec un couteau économe), en coulis pour accompagner poissons et viandes grillés, en ratatouille ou en piperade.

→ Pommes de terre : elles se consomment toujours cuites. Pour les cuire plus rapidement, vous pouvez les couper en morceaux. Sachez qu'elles gardent toutes leurs vitamines si elles sont cuites avec la peau. Passez-les sous l'eau, brossez-les éventuellement avec une brosse douce. Démarrez à l'eau froide salée et à couvert puis maintenez un léger frémissement.
Consommez-les en purée, en frites, sautées, pommes vapeur, en salade, en robe des champs, en gratin...
Idée recette: lavez puis coupez en deux des petites pommes de terre nouvelles. Disposez-les dans un plat à gratin, la chair face à vous, ajoutez une noisette de beurre sur chacune et un peu de gros sel. Enfournez pour 25 à 30 minutes à 180 °C (th. 6).

→ Navets : retirez le sommet puis épluchez-les avec un couteau économe. Coupez-les en quartiers ou en dés pour les cuire plus rapidement à l'eau ou à la vapeur.
Servez-les en accompagnement d'aiguillettes de canard, en soupe, en julienne avec des carottes et des poireaux ou comme des pommes de terre sautées.

→ Radis roses : coupez les fanes (réservez-les pour un potage) en laissant 5 mm de queue sur chaque radis puis ôtez la pointe. Servez-les avec du beurre et du sel. Émincez-les en pétales avec le couteau économe pour décorer vos assiettes.
Idée recette : soupe de fanes de radis. Lavez et essorez les fanes. Épluchez, lavez et coupez en quartiers une pomme de terre. Couvrez d'eau, salez et faites cuire l'ensemble à petits bouillons jusqu'à ce que la pomme de terre soit tendre. Mixez en ajoutant de la crème fraîche.

4 - Table des cuissons, quantités et durées de conservation

La majorité des légumes se conserve dans le bac à légumes du réfrigérateur.
Leurs cuissons se démarrent pour la plupart à l'eau froide salée sauf les légumes verts (haricots verts, épinards, courgettes...), que l'on cuit dans l'eau frémissante non salée. Comptez les temps de cuisson à partir des premiers frémissements. Baissez le feu pour maintenir de petits bouillons.

	Cuisson	Quantité/pers.	Conservation
Artichauts	- à la vapeur 10 à 15 min ; - à l'eau 20 à 40 min selon la taille.	1 artichaut.	- crus quelques jours au réfrigérateur ou, dans un verre d'eau, garder la tige qui permet une meilleure conservation ; - cuits à consommer le jour même.
Asperges blanches	- à la vapeur 10-12 min ; - à l'eau 15 à 20 min selon la grosseur.	300-350 g.	- 1 ou 2 jours au réfrigérateur.
Asperges vertes	- à la vapeur 5-7 min ; - à l'eau 15 min.	300-350 g.	- 1 ou 2 jours au réfrigérateur.
Aubergines	- sautées ou frites dans de l'huile d'olive chaude 10 min ; - au four à 210 °C (th. 7) 20 à 30 min suivant la grosseur.	1 aubergine	- 7 jours au réfrigérateur.
Avocats		1 avocat.	- 2 à 3 jours à l'air libre ; - 8 jours au réfrigérateur.
Bettes	- à la vapeur 15 min pour les côtes, 4 à 5 min pour les feuilles ; - à l'eau 20 min pour les côtes, 5 à 6 min pour les feuilles ; - revenues à l'huile ou au beurre 25 min pour les côtes, 5 min pour les feuilles.	170 g.	- 7 jours au réfrigérateur.
Betteraves	- à l'eau 1 h.	125 à 150 g.	- crues 3 semaines au réfrigérateur ; - cuites 2 jours.
Brocolis	- à la vapeur 5 à 6 min ; - à l'eau 7 à 10 min.	200 à 250 g.	- 5 jours au réfrigérateur.
Carottes	- à la vapeur 10 min ; - à l'eau 15 min ; - à la poêle 10 min.	150 g.	- 1 à 3 semaines ; - 2 semaines pour les carottes nouvelles au réfrigérateur.
Champignons de Paris	- à la poêle 5 min à feu moyen et 5 à 7 min à feu doux jusqu'à évaporation du liquide ; - au four 10 à 15 min à four chaud à 210 °C (th. 7) jusqu'à ce qu'ils soient légèrement dorés ; - gril ou barbecue 10 min.	- cru 100 g ; - cuit 125 à 150 g.	- 4 à 5 jours au réfrigérateur.

	Cuisson	Quantité/pers.	Conservation
Choux	- à la vapeur 8 à 10 min ; - à l'eau 15 min ; - braisé 45 min.	250 g.	- 1 semaine au réfrigérateur.
Choux de Bruxelles	- à la vapeur 8 à 10 min ; - à l'eau 15 min.	150 à 170 g.	- 2 à 3 jours au réfrigérateur.
Choux-fleurs	- à la vapeur 10 min ; - à l'eau 15 min ; - à la poêle 10 min.	- cru 1 chou-fleur pour 4 pers ; - cuit 150 à 170 g.	- 3 à 4 jours au réfrigérateur ; - 5 à 6 jours divisés en bouquets dans une boîte hermétique.
Choux romanesco	- à la vapeur 8 à 10 min ; - à l'eau 10 à 12 min pour une cuisson *al dente* ; - sauté au beurre 5 min (précuire à l'eau ou à la vapeur 5 min).	150 à 170 g.	- 3 à 4 jours au réfrigérateur ; - 5 à 6 jours divisés en bouquets et placés dans une boîte hermétique.
Concombres		1 concombre pour 4.	- 1 semaine au réfrigérateur.
Courgettes	- à la vapeur 4 à 5 min ; - à l'eau 7 à 10 min ; - à la poêle 10 min.	200 à 250 g.	- 5 jours au réfrigérateur.
Courges : potiron, butternut, potimarron	- à la vapeur 15 min ; - à l'eau 20 min ; - sautées 10 à 12 min, coupées en cubes, dans l'huile ou le beurre avec des oignons émincés.	200 à 250 g.	- en quartiers : 2 jours ; - entières : plusieurs semaines dans un endroit frais.
Endives	- braisées 20 à 25 min.	150 à 170 g.	- 6 jours au réfrigérateur.
Épinards	- à la vapeur 3 à 5 min ; - à l'eau 6 min.	- cru 50 g ; - cuit 180 à 200 g.	- 2 jours au réfrigérateur.
Fenouils	- à la vapeur 8 à 10 min ; - à l'eau 25 min.	170 g.	- 1 semaine au réfrigérateur.
Haricots verts	- à la vapeur 15 min ; - à l'eau 20 min.	150 à 180 g.	- 2 jours au réfrigérateur.
Petits pois	- à la vapeur 6 à 8 min ; - à l'eau 8 à 10 min ; - braisés 20 min.	150 à 170 g.	- 2 jours au réfrigérateur.
Poireaux	- à la vapeur 10 min ; - à l'eau 20 min ; - revenus au beurre 25 min.	200 g.	- 5 à 6 jours au réfrigérateur ; - cuits 2 jours.
Poivrons	- revenus à l'huile d'olive 10 min (coupés en lamelles).	1 poivron.	- 7 jours au réfrigérateur.
Pommes de terre	- à la vapeur 15 à 20 min ; - à l'eau 20 à 25 min.	2 moyennes soit 180 à 200 g.	- Plusieurs semaines dans un endroit sec et à l'abri de la lumière.
Navets	- à la vapeur 15 min ; - à l'eau 20 min ; - sautés au beurre 10 à 15 min coupés en petits dés.	180 g.	- 10 jours au réfrigérateur.
Radis roses		1 botte pour 4 personnes.	- 5 jours au réfrigérateur.

parmentier au confit de canard, p. 26

le temps des enfants

soupe de pois cassés, p. 18

pratique

4 personnes
facile / peu coûteuse
préparation : 15 min
cuisson : 10 min
repos : 30 min

ingrédients

1 œuf
1 gros concombre
5 brins de persil
5 brins de cerfeuil
3 sardines à l'huile
80 g de fromage blanc
1/2 cuil. à café de moutarde
Quelques gouttes de jus de citron
Sel.

concombre farci en rouleau

Placer l'œuf dans une casserole d'eau froide. Porter à ébullition et compter 10 minutes à partir de l'ébullition. Le passer sous l'eau froide pour le refroidir, retirer la coquille et extraire le jaune.

Peler le concombre et le couper en 4 tronçons de 5 cm chacun. Recouper chaque tronçon en deux. Les évider en retirant les graines à l'aide d'une petite cuillère ou d'un petit couteau. Saupoudrer de sel fin et laisser dégorger 30 minutes environ, dans une passoire.

Pendant ce temps, laver, sécher le persil et le cerfeuil puis les hacher finement.

Égoutter les sardines, retirer les arêtes. Écraser leur chair ainsi que le jaune d'œuf avec une fourchette.

Ajouter le fromage blanc, la moutarde, les fines herbes et quelques gouttes de jus de citron. Saler très légèrement, bien mélanger.

Essuyer les tronçons de concombre avec du papier absorbant pour retirer le sel, puis les garnir de farce.

Servir bien frais.

→ On peut nouer un brin de ciboulette autour de chaque rouleau, pour une présentation plus sophistiquée.

pratique

4 personnes
très simple / peu coûteuse
préparation : 10 min
cuisson : 50 min
repos : 2 h

ingrédients

300 g de pois cassés
2 oignons
1 petite carotte
1 blanc de poireau
3 clous de girofle
20 g de beurre
1 bouquet garni
2 cuil. à soupe de crème fraîche
120 g de lardons
Sel, poivre du moulin.

soupe de pois cassés

Faire tremper les pois cassés pendant 2 heures dans un grand volume d'eau. Les rincer à l'eau claire et les égoutter.

Peler les oignons. Éplucher, laver et essuyer la carotte. Rincer et essuyer le blanc de poireau.

Piquer l'un des oignons de clous de girofle.

Émincer finement la carotte, le poireau et l'oignon restant. Faire fondre le beurre dans une sauteuse et y faire revenir les légumes émincés, pendant 5 à 6 minutes, en remuant fréquemment. Verser alors 1,5 l d'eau, ajouter les pois cassés, le bouquet garni, l'oignon piqué de clous de girofle, saler et poivrer. Porter à ébullition puis laisser cuire 45 minutes environ, à petits frémissements.

Retirer l'oignon piqué de clous de girofle. Passer le potage au mixeur puis le filtrer en utilisant une passoire à grille fine. Ajouter la crème fraîche et bien mélanger l'ensemble.

Faire dorer les lardons à la poêle pendant quelques minutes et en parsemer la soupe avant de servir.

concombre farci en rouleau

pratique

4 personnes
très simple / raisonnable
préparation : 35 min
cuisson : 30 min

velouté de potiron au mascarpone et aux zestes d'orange

ingrédients

750 g de potiron
1 oignon
2 échalotes
1 cuil. à soupe d'huile d'olive
1 cube de bouillon de volaille
4 brins de cerfeuil
100 g de mascarpone
2 cuil. à café de zeste d'orange non traitée
Sel, poivre du moulin.

Retirer les graines et les filaments du potiron à l'aide d'une cuillère. Le découper en tranches puis en morceaux sans le peler.

Cuire à la vapeur 15 minutes ou à l'eau bouillante salée pendant 20 minutes, jusqu'à ce que la chair soit tendre.

Éplucher l'oignon et les échalotes, les hacher finement. Les faire revenir dans l'huile d'olive pendant environ 5 minutes.

Dissoudre le cube de bouillon de volaille dans 1 l d'eau bouillante.

Laver, sécher puis ciseler le cerfeuil.

Lorsque le potiron est cuit, le laisser refroidir puis le peler.

Placer la chair du potiron, le mascarpone, les oignons, les échalotes, le bouillon de légumes dans le bol du mixeur. Saler et poivrer puis mixer jusqu'à obtenir un mélange lisse.

Verser la préparation dans une casserole et la réchauffer, à feu très doux. Laisser épaissir quelques minutes si nécessaire.

Répartir le velouté dans 4 bols. Saupoudrer de zestes d'orange et de cerfeuil haché.

→ Accompagner ce velouté de tranches de pain de campagne grillées tartinées de mascarpone et recouvertes de fines tranches de jambon cru.

→ Pour plus de rapidité, on peut utiliser de la purée de potiron surgelée. Dans ce cas, faire décongeler la purée dans une casserole et y incorporer les deux tiers du bouillon. Faire ensuite revenir les échalotes et l'oignon hachés dans l'huile d'olive puis les mixer avec le restant du bouillon. Ajouter le tout à la purée de potiron.
Répartir dans 4 bols avec le mascarpone coupé en dés, les zestes d'orange et le cerfeuil haché.

pratique

4 personnes
facile / raisonnable
préparation : 20 min
cuisson : 20 min

ingrédients

400 g de blanc de poulet cuit ou de reste de poulet rôti
2 cuil. à soupe de crème fraîche
1 cuil. à soupe d'estragon haché (frais ou surgelé)
2 œufs + 2 jaunes
2 cuil. à café de moutarde
180 g de mimolette ou de cheddar
12 feuilles de pâte filo
2 cuil. à soupe d'huile d'olive
9 tranches de bacon
Sel, poivre.

pastilla poulet, bacon et mimolette

Effilocher le poulet et le mélanger avec la crème, l'estragon et les œufs préalablement battus en omelette. Saler légèrement, poivrer et ajouter la moutarde.

Râper la mimolette.

Utiliser un moule carré pour monter la pastilla. Couper les feuilles de pâte filo de manière qu'elle couvre le fond et les bords du moule.

À l'aide d'un pinceau, huiler le fond du moule. Superposer 4 feuilles de pâte en huilant légèrement le dessus de chaque feuille. Disposer 3 tranches de bacon puis un tiers de la préparation au poulet et recouvrir d'un tiers de mimolette râpée.

Recouvrir le tout de 2 nouvelles feuilles de pâte huilée sur le dessus. Alterner à nouveau les tranches de bacon, le poulet et la mimolette râpée. Continuer le feuilletage en ajoutant 2 feuilles de pâte filo, le reste de bacon, de poulet et de mimolette.

Terminer le dressage en recouvrant le tout de 4 feuilles de pâte. Retourner l'extrémité des feuilles à l'intérieur du plat pour fermer la pastilla. Badigeonner la surface de jaune d'œuf battu et enfourner à 180 °C (th. 6) pour 30 minutes.

pratique

4 personnes
très simple / peu coûteuse
préparation : 10 min
cuisson : 25 min

ingrédients

800 g de courgettes
15 cl de crème fraîche
80 g de parmesan râpé
Une pincée de muscade
Sel, poivre du moulin.

gratin de courgette au parmesan

Laver les courgettes, les détailler en rondelles sans les peler.

Cuire les courgettes à la vapeur ou à l'eau bouillante salée, 5 à 6 minutes environ, jusqu'à ce qu'elles soient bien tendres.

Les égoutter dans une passoire puis les écraser à la fourchette ou les passer au mixeur.

Ajouter la crème fraîche, les deux tiers du parmesan râpé, la muscade, du sel et du poivre.

Verser la préparation dans un plat à gratin et saupoudrer du restant de parmesan. Enfourner à 210 °C (th. 7) pour 10 minutes puis passer en mode gril et poursuivre la cuisson 10 minutes environ, jusqu'à ce que le gratin soit bien doré.

→ Servir avec des dés de courgettes revenus à l'huile d'olive.

œufs cocotte, p. 26

blanquette de cabillaud, p. 27

pratique

4 personnes
facile / raisonnable
préparation : 20 min
cuisson : 1 h
repos : 15 min

ingrédients

50 g de cèpes déshydratés
600 g de pommes de terre à purée
3 échalotes
3 cuisses de canard confites
20 cl de lait
Quelques râpures de noix de muscade
2 cuil. à soupe de chapelure
4 noisettes de beurre
Sel, poivre du moulin.

parmentier au confit de canard

Placer les cèpes déshydratés dans un récipient creux et les recouvrir d'eau tiède. Les laisser se réhydrater pendant 15 minutes. Les rincer à l'eau froide, les égoutter dans une passoire puis les hacher grossièrement.

Faire cuire les pommes de terre à l'eau pendant 20 à 25 minutes, jusqu'à ce que leur chair soit tendre.

Peler et hacher finement les échalotes.

Ôter la peau et la graisse des cuisses de confit, réserver 1 cuillerée à soupe de graisse de canard. Effilocher la chair en petits morceaux.

Faire dorer les échalotes hachées pendant 2 minutes dans la graisse de canard. Ajouter les cèpes et prolonger la cuisson 3 minutes. Incorporer les morceaux de confit et les cuire pendant 10 minutes environ à feu très doux. Hors du feu, saler et poivrer.

Éplucher puis réduire les pommes de terre en purée à l'aide d'un presse-purée, ajouter le lait. Saler, poivrer et saupoudrer de muscade.

Disposer la viande de canard, les échalotes et les cèpes dans le fond d'un plat à gratin puis recouvrir de purée de pommes de terre.

Saupoudrer de chapelure, parsemer de quelques noisettes de beurre et enfourner 15 à 20 minutes à 210 °C (th. 7).

pratique

4 personnes
très simple / peu coûteuse
préparation : 5 min
cuisson : 10 min

ingrédients

1 petite brioche
4 œufs
4 cuil. à soupe de crème fraîche épaisse
4 cuil. à café de ciboulette hachée
Sel, poivre du moulin.

œufs cocotte

Tapisser le fond de 4 ramequins d'un morceau de brioche puis casser délicatement l'œuf au-dessus en prenant soin de ne pas briser le jaune.

Dans un bol, mélanger la crème fraîche avec du sel, du poivre et la ciboulette hachée.

Répartir cette sauce dans les 4 ramequins.

Disposer les ramequins dans un plat allant au four. Verser de l'eau dans le plat à hauteur de 1,5 cm.

Enfourner à 240 °C (th. 8) pour 8 à 10 minutes.

→ Servir avec une purée de légumes.

→ Pour varier, on peut ajouter des morceaux de saumon fumé coupés en dés, des cubes de poulet, un reste de poisson, de la purée d'épinards ou de brocolis...

pratique

4 personnes
élaborée / peu coûteuse
préparation : 20 min
cuisson : 50 min

ingrédients

2 oignons
150 g de champignons
2 carottes
1/2 botte de persil
25 g de beurre
1 cuil. à soupe d'huile
3 cuil. à café de fumet de poisson déshydraté
1 bouquet garni
800 g de cabillaud
2 jaunes d'œufs
20 cl de crème fraîche
Le jus de 1/2 citron
Sel, poivre du moulin.

blanquette de cabillaud

Éplucher et émincer les oignons.

Laver, essuyer les champignons, retirer les extrémités terreuses puis les détailler en lamelles.

Éplucher les carottes et les couper en petits bâtonnets.

Laver, sécher et hacher le persil.

Faire fondre le beurre dans une sauteuse avec l'huile pour qu'il ne noircisse pas. Y faire revenir les oignons, les champignons et les carottes émincés pendant 7 minutes. Verser 50 cl d'eau et saupoudrer de fumet de poisson. Mélanger quelques minutes jusqu'à dissolution du fumet. Ajouter le bouquet garni et laisser cuire 20 minutes à feu doux.

Éponger le cabillaud avec du papier absorbant, le détailler en gros dés et les joindre à la préparation. Saler, poivrer. Couvrir et poursuivre la cuisson 10 à 15 minutes environ puis retirer les morceaux de poisson.

Battre les jaunes d'œufs avec la crème fraîche. Baisser le feu au minimum, verser le mélange dans la sauteuse, remuer jusqu'à ce que la sauce épaississe, sans faire bouillir. Replacer les morceaux de poisson dans la sauce quelques minutes pour qu'ils s'en imbibent et se réchauffent.

Hors du feu, arroser de jus de citron et parsemer de persil haché.

→ Servir avec du riz blanc ou du riz complet, des pommes vapeur, du quinoa...

pratique

4 personnes
facile / raisonnable
préparation : 15 min
cuisson : 55 min

ingrédients

300 g de champignons de Paris
2 tomates
1 oignon
800 g de filet mignon de porc
2 cuil. à soupe d'huile d'olive
3 cuil. à soupe de crème fraîche
1 cuil. à soupe de moutarde
10 cl de vin blanc
1 bouquet garni
1 cuil. à soupe de fond de veau
1 cuil. à soupe de farine
2 cuil. à soupe de persil haché
Sel, poivre du moulin.

filet mignon de porc aux champignons

Laver et essuyer les champignons et les tomates. Retirer les extrémités terreuses des champignons puis les détailler en lamelles. Épépiner les tomates puis les couper en dés.

Éplucher et émincer l'oignon.

Couper le filet mignon en 4 parts égales. Faire chauffer l'huile dans une cocotte et y faire revenir les morceaux de viande en les retournant pour qu'ils soient dorés de tous côtés.

Retirer le filet mignon de la cocotte, le réserver et le remplacer par les oignons émincés. Les faire revenir doucement pendant 4 à 5 minutes. Ajouter les lamelles de champignon et les faire suer 4 à 5 minutes en augmentant la flamme et en remuant fréquemment. Lorsque toute l'eau s'est évaporée, remettre la viande dans la cocotte, ajouter la crème fraîche, la moutarde, le vin blanc et le bouquet garni, saupoudrer de fond de veau, saler et poivrer. Mélanger bien l'ensemble.

Couvrir et cuire pendant 30 minutes à feu doux. Retirer le couvercle, saupoudrer de farine et prolonger la cuisson 10 minutes, en remuant, pour épaissir la sauce.

Retirer le bouquet garni et parsemer de persil haché avant de servir.

→ Servir avec des haricots verts, des petits pois, des tagliatelles, des pommes vapeur...

pratique

4 personnes
très simple / peu coûteuse
préparation : 5 min
cuisson : 35 min

ingrédients

600 g d'épinards hachés surgelés
2 œufs
2 cuil. à soupe de crème fraîche
100 g de ricotta
1,5 cuil. à soupe de basilic haché (frais ou surgelé)
Une pincée de muscade
Sel, poivre.

flan d'épinards, ricotta, basilic

Placer les épinards encore gelés dans une casserole avec un fond d'eau. Les laisser décongeler 10 minutes environ jusqu'à complète évaporation du liquide.

Battre les œufs dans un récipient, ajouter la crème fraîche, la ricotta, le basilic haché, une pincée de muscade, saler et poivrer.

Égoutter puis incorporer les épinards, bien mélanger le tout puis répartir dans 4 ramequins.

Enfourner à 180 °C (th. 6) pour 25 minutes.

pratique

4 personnes
très simple / peu coûteuse
préparation : 15 min
cuisson : 15 min

ingrédients

200 g de pommes de terre
200 g de carottes
1 oignon
200 g de courgettes
3 cuil. à soupe d'huile d'olive
2 œufs
1 cuil. à soupe de thym séché
2 cuil. à soupe de chapelure
Sel, poivre.

galettes de légumes au thym

Éplucher tous les légumes. Laver et sécher les pommes de terre et les carottes.

Hacher l'oignon très finement et râper les autres légumes.

Faire chauffer 2 cuillerées à soupe d'huile dans une poêle et y faire revenir les légumes et l'oignon pendant 5 minutes.

Battre les œufs en omelette dans un saladier et y ajouter les légumes râpés, l'oignon haché, le thym, du sel et du poivre. Saupoudrer de chapelure et bien mélanger l'ensemble.

Déposer des petits tas de pâte dans la poêle chaude et huilée, les écraser avec la spatule pour leur donner la forme de galettes.

Retourner les galettes au bout de 4 à 5 minutes pour faire dorer l'autre face.

légumes vite fait bien fait

flan d'épinard, ricotta, basilic

courgettes-camembert, p. 34

ultrasimples : les quiches sans pâte

ces 4 quiches savoureuses se réalisent en un tour de main. Pendant qu'elles dorent au four, préparer l'accompagnement, dresser la table : c'est prêt !

asperges-parmesan, p. 35

pratique

4/6 personnes
très simple / peu coûteuse
préparation : 15 min
cuisson : 15 min
repos : 30 min

ingrédients

300 g de courgettes
1/2 botte de ciboulette
80 g de camembert pas trop fait
3 œufs
50 cl de lait
100 g de farine
1 noix de beurre pour le moule
Sel.

courgettes-camembert

Laver et sécher les courgettes et la ciboulette.

Éplucher à moitié les courgettes en conservant une bande de peau sur deux, les râper grossièrement au robot si possible.

Hacher finement la ciboulette.

Couper le camembert en tranches, en ôter la croûte puis le détailler en petits morceaux.

Dans un récipient, battre les œufs avec le lait puis incorporer la farine en pluie, en plusieurs fois. Bien mélanger l'ensemble jusqu'à obtenir une pâte lisse.

Ajouter les courgettes râpées, les morceaux de camembert et la ciboulette ciselée. Saler et mélanger à nouveau.

Beurrer un moule à tarte (sans fond amovible) et y verser la préparation.

Enfourner à 240 °C (th. 8) pour 30 minutes.

→ Accompagner cette quiche d'une salade de tomates et de quelques tranches fines de jambon cru.

pratique

4/6 personnes
très simple / peu coûteuse
préparation : 10 min
cuisson : 30 min

ingrédients

150 g de talon de jambon
3 œufs
50 cl de lait
100 g de farine
100 g de gruyère râpé
1 noix de beurre pour le moule
Une pincée de sel.

quiche lorraine

Couper le jambon en petits dés.

Dans un récipient, battre au fouet les œufs avec le lait. Incorporer progressivement la farine en pluie, en mélangeant énergiquement pour éviter la formation de grumeaux. Ajouter ensuite les dés de jambon et le gruyère râpé. Saler légèrement.

Beurrer un moule à tarte (sans fond amovible) et y verser la préparation. Enfourner à 240 °C (th. 8) pour 30 minutes.

→ Servir avec une salade verte, des haricots verts, des épinards, des poireaux émincés revenus dans un peu de beurre...

pratique

4/6 personnes
très simple / raisonnable
préparation : 10 min
cuisson : 30 min

ingrédients

200 g d'asperges vertes en bocal
2 tranches de jambon cru un peu épaisses
3 œufs
50 cl de lait
100 g de farine
80 g de parmesan râpé
3 cuil. à soupe de basilic surgelé
1 noix de beurre pour le moule
Sel.

asperges-parmesan

Égoutter les asperges dans une passoire, les détailler en morceaux de 1 cm de long.

Couper le jambon en rectangles.

Battre les œufs et le lait, incorporer petit à petit la farine en pluie. Ajouter les asperges égouttées, le parmesan râpé, les morceaux de jambon et le basilic.

Beurrer un moule à tarte à fond non amovible et y verser la pâte.

Cuire au four à 240 °C (th. 8) pendant 30 minutes.

→ Servir accompagné de légumes grillés : poivrons, aubergines, courgettes, relevés d'un filet d'huile d'olive et de basilic haché.

pratique

4/6 personnes
très simple / raisonnable
préparation : 10 min
cuisson : 30 min

poulet-champignons

ingrédients

150 g de champignons de Paris
200 g de reste de poulet ou de blanc de poulet cuit
3 œufs
50 cl de lait
100 g de farine
3 cuil. à soupe d'estragon haché surgelé
1 pointe de noix de muscade fraîchement râpée
1 noisette de beurre pour le moule
Sel.

Couper les extrémités terreuses des champignons. Les laver et les sécher soigneusement puis les détailler en lamelles.

Effilocher les morceaux de poulet.

Dans un saladier, mélanger au fouet les œufs et le lait. Incorporer progressivement au mélange la farine en pluie. Battre l'ensemble jusqu'à obtention d'une pâte lisse.

Ajouter les morceaux de poulet, les lamelles de champignon et l'estragon. Saler et assaisonner d'une pointe de muscade.

Verser la pâte dans un moule à tarte à fond non amovible préalablement beurré.

Enfourner à 240 °C (th. 8) pour 30 minutes.

salade poulet parmesan, p. 38

utiliser les restes

brioches à la béchamel, p. 38

pratique

4 personnes
très simple / raisonnable
préparation : 25 min

ingrédients

1 petite laitue
300 g de reste de poulet
3 tranches de pain (pain de mie, baguette...)
3 œufs durs
2 cuil. à soupe de crème fraîche
2 cuil. à soupe de fromage blanc
1 cuil. à café de moutarde
1 cuil. à soupe d'huile d'olive
1 cuil. à soupe de vinaigre balsamique
1 gousse d'ail
100 g de parmesan
1/2 citron
Sel, poivre du moulin.

salade poulet parmesan

Retirer les feuilles extérieures de la salade. Laver et essorer la laitue et déchirer les feuilles en morceaux dans un saladier.

Ôter la peau des morceaux de poulet puis les effilocher et les disposer sur les feuilles de laitue.

Faire griller le pain puis le briser en morceaux, les ajouter à la salade.

Placer une passoire à grille fine au-dessus du saladier, écraser à la fourchette successivement les jaunes d'œufs. Hacher le blanc avec un couteau.

Préparer la sauce en mélangeant la crème fraîche, le fromage blanc, la moutarde, l'huile, le vinaigre, l'ail épluché et passé au presse-ail, du sel et du poivre. Fouetter bien l'ensemble pour le rendre homogène. Goûter et rectifier l'assaisonnement si nécessaire.

Détailler le parmesan en petits copeaux à l'aide d'un épluche-légumes, les ajouter au reste de la préparation.

Presser le demi-citron.

Verser la sauce et le jus de citron sur la salade. Mélanger avec soin.

→ Si l'on prépare cette salade à l'avance, la réserver au frais et ajouter la sauce au dernier moment pour éviter que les croûtons de pain ne l'absorbent.

pratique

4 personnes
très simple / raisonnable
préparation : 10 min
cuisson : 20 min

ingrédients

25 g de beurre
25 g de fécule de maïs
30 cl de lait
2 cuil. à soupe d'estragon haché (frais ou surgelé)
4 brioches
Sel, poivre.

brioches à la béchamel

Couper le beurre en petites parcelles et le faire fondre à feu doux dans une casserole. Ajouter la fécule de maïs et mélanger. Laisser cuire 3 à 4 minutes, toujours en mélangeant, puis délayer le lait progressivement. Prolonger la cuisson 7 minutes, sans cesser de remuer, pour épaissir la sauce.

Hors du feu, incorporer l'estragon haché, saler et poivrer.

Couper les chapeaux de 4 brioches. Retirer un peu la mie puis tasser l'intérieur avec le dos d'une cuillère. Farcir les brioches de béchamel à l'estragon.

Replacer les chapeaux et enfourner à 180 °C (th. 6) pendant 10 minutes.

→ On peut ajouter à la béchamel des restes de poulet, de poisson ou de jambon.

pratique

4 personnes
facile / peu coûteuse
préparation : 20 min
cuisson : 40 min

ingrédients

2 pommes de terre
2 œufs
200 g de haricots verts surgelés
300 g de bœuf cuit (reste de pot-au-feu, de rôti...)
2 tomates
1 cuil. à soupe de vinaigre de vin
1 cuil. à café de moutarde de Dijon
4 cuil. à soupe d'huile
2 cuil. à soupe de persil haché
Sel, poivre du moulin.

salade de bœuf

Éplucher et laver les pommes de terre. Les faire cuire à l'eau pendant 25 minutes environ jusqu'à ce qu'elles soient tendres.

Faire durcir les œufs dans une casserole d'eau froide, 10 minutes à partir de l'ébullition.

Plonger les haricots verts dans l'eau bouillante. Laisser cuire 20 minutes environ, à petits bouillons puis les plonger dans l'eau froide.

Détailler la viande en morceaux.

Ôter la coquille des œufs, les couper en quartiers.

Rincer les tomates et les détailler en morceaux.

Égoutter les pommes de terre et les haricots verts. Couper les haricots verts en deux et les pommes de terre en dés. Rassembler tous les ingrédients dans un saladier.

Préparer la sauce : délayer du sel dans le vinaigre en mélangeant énergiquement avec un fouet. Incorporer la moutarde puis ajouter l'huile. Poivrer.

Au moment de servir, verser cette sauce sur la salade, saupoudrer de persil haché et mélanger soigneusement.

pratique

4 personnes
facile / peu coûteuse
préparation : 15 min
cuisson : 35 min

ingrédients

250 g de nouilles plates
180 g de restes de poulet
150 g de champignons de Paris
40 g de beurre
100 g de crème fraîche épaisse
Une pincée de muscade
60 g de fromage râpé (gruyère, comté, parmesan...)
Sel, poivre.

gratin de nouilles au poulet

Faire cuire les nouilles à l'eau bouillante salée comme indiqué sur le paquet. Les égoutter.

Effilocher les restes de poulet en petits morceaux.

Retirer les extrémités terreuses des champignons, les laver et les hacher grossièrement.

Les faire revenir dans 15 g de beurre pendant 5 minutes, à feu moyen, jusqu'à évaporation complète de l'eau.

Ajouter la crème et laisser cuire à petits frémissements pendant 5 minutes.

Incorporer le poulet et les pâtes. Assaisonner de sel, de poivre et d'une bonne pincée de muscade. Bien mélanger l'ensemble.

Verser dans un plat à gratin, recouvrir la surface de fromage râpé et parsemer du restant de beurre coupé en petites parcelles.

Enfourner à 210 °C (th. 7) pendant 10 minutes puis faire gratiner sous le gril 10 minutes supplémentaires, jusqu'à ce que la surface soit bien dorée.

pratique

4 personnes
facile / raisonnable
préparation : 5 min
cuisson : 10 min
repos : 4 min

ingrédients

2 œufs
15 cl de lait
15 cl de crème fraîche
2 cuil. à soupe d'aneth haché (frais ou surgelé)
4 tranches de pain rassis assez larges ou 8 tranches de baguette.
45 g de beurre
1 cuil. à soupe d'huile
4 tranches de saumon fumé
Sel, baies roses.

pain perdu au saumon fumé

Battre les œufs avec le lait et la crème et 1 cuillerée et demie d'aneth haché, assaisonner de sel et de baies roses fraîchement moulues. Tremper les tranches de pain dans le mélange et les laisser s'imprégner 3 à 4 minutes suivant l'épaisseur.

Dans une grande poêle, faire fondre le beurre avec l'huile. Ajouter les tranches de pain et cuire 10 minutes à feu moyen, en retournant les tranches à mi-cuisson. Placer les tranches de pain quelques secondes sur une assiette garnie de papier absorbant pour retirer l'excédent de beurre. Dresser dans un plat de service et recouvrir de tranches de saumon fumé. Parsemer avec l'aneth restant.

pratique

4 personnes
facile / peu coûteuse
préparation : 5 min
cuisson : 10 min
repos : 3 min

ingrédients

70 g de sucre en poudre
2 sachets de sucre vanillé
2 œufs
30 cl de lait
1 cuil. à soupe de fleur d'oranger
4 tranches de pain rassis assez larges ou 8 tranches de baguette
45 g de beurre
1 cuil. à soupe d'huile.

pain perdu à la fleur d'oranger

Dans un bol, mélanger le sucre et le sucre vanillé.

Battre les œufs avec le lait. Ajouter la fleur d'oranger et 1 cuillerée à soupe du mélange de sucre.

Tremper les tranches de pain dans la préparation. Les laisser s'imbiber 3 minutes environ.

Faire fondre le beurre additionné de l'huile, dans une grande poêle, et y faire cuire les tranches de pain sur les deux faces une dizaine de minutes, jusqu'à ce qu'elles soient bien dorées. Égoutter les pains perdus en les plaçant quelques instants sur une assiette garnie de papier absorbant.

→ Décorer de fruits frais selon la saison : quartiers d'orange, framboises, fraises, rondelles de banane...

pain perdu au saumon fumé

cake à la carotte, p. 44

brunch

verrines de fruits aux pétales de maïs, p. 45

pratique

6 personnes
facile / raisonnable
préparation : 20 min
cuisson : 45 min
repos : 30 min

ingrédients

350 g de carottes
50 g de noisettes
1 orange
3 œufs
150 g de sucre roux
2 cuil. à soupe de miel liquide
10 cl d'huile + 1 cuil. à café
pour le moule
200 g de farine
1 sachet de levure
1 cuil. à café de cannelle
3 cuil. à café de quatre-épices
100 g de poudre d'amande
1/2 cuil. à café de sel.

cake à la carotte

Peler, laver et sécher les carottes. Les râper au robot.

Hacher les noisettes au mixeur.

Râper le zeste de l'orange jusqu'à obtenir l'équivalent de 1 cuillerée à café.

Battre les œufs avec le sucre, incorporer le miel et l'huile puis la farine en pluie, par petites quantités. Ajouter la levure, la cannelle, le quatre-épices et le sel.

Incorporer la poudre d'amande et les noisettes hachées.
Bien mélanger l'ensemble puis ajouter les carottes râpées.

À l'aide d'un pinceau, huiler un moule à cake et y verser la préparation. Aplanir la surface avec une spatule puis enfourner à 200 °C (th. 6-7) pour 45 minutes environ.

Vérifier la cuisson en plantant la lame d'un couteau, celle-ci doit ressortir sèche.

Démouler le cake sur une grille et laisser refroidir avant de déguster avec un bon café ou une tasse de chicorée.

pratique

4 personnes
facile / peu coûteuse
préparation : 10 min
cuisson : 20 min

ingrédients

2 œufs
20 cl de lait
1 cuil. à soupe d'huile
200 g de farine
2 cuil. à café de levure chimique
60 g de sucre en poudre
Une pincée de sel.

pancakes

Battre les œufs avec le lait et l'huile. Incorporer en remuant la farine et la levure par petites quantités pour éviter la formation de grumeaux. Ajouter le sucre et le sel.

Faire chauffer une poêle légèrement huilée. Verser une demi-louche de pâte sans l'étaler. Laisser cuire 2 minutes et retourner pour faire dorer l'autre face.

→ Déguster tiède avec du sirop d'érable, du miel, de la confiture ou de la compote.

pratique

4 personnes
très simple / raisonnable
préparation : 5 min
cuisson : 5 min

ingrédients

4 tranches de pain de mie sans la croûte
120 g de saumon fumé
3 œufs
1 cuil. à soupe de crème fraîche
Un peu d'huile pour la poêle
1 cuil. à soupe d'aneth haché (frais ou surgelé)
Quelques gouttes de jus de citron
Sel, poivre du moulin.

toasts aux œufs brouillés et au saumon fumé

Faire griller les tranches de pain de mie.

Couper le saumon fumé en petits morceaux. Battre, à la fourchette, les œufs avec la crème, du sel et du poivre (facultatif). Incorporer les morceaux de saumon. Graisser la poêle avec un morceau de papier absorbant imbibé d'huile puis la faire chauffer. Verser les œufs battus et cuire à feu doux en battant continuellement à la fourchette jusqu'à ce que les œufs soient pris.

Débarrasser immédiatement les œufs dans un récipient pour arrêter la cuisson. Saupoudrer d'aneth haché.

Tartiner ce mélange sur chaque tranche de pain grillé, les couper en deux, ajouter quelques gouttes de jus de citron. Dresser sur une assiette et accompagner d'une salade de mâche.

pratique

4 personnes
très simple / raisonnable
préparation : 10 min
cuisson : 3 min

verrines de fruits aux pétales de maïs

ingrédients

2 oranges
10 fraises
100 g d'abricots secs
4 brins de menthe
10 cl de jus d'ananas
50 g d'amandes effilées
100 g de corn-flakes.

Éplucher les oranges, les couper en cubes au-dessus d'un saladier pour en recueillir le jus. Rincer les fraises, les détailler en quatre. Couper les abricots secs en quatre. Laver, effeuiller puis ciseler la menthe.

Mélanger ces ingrédients dans le saladier et y ajouter le jus d'ananas.

Faire griller les amandes quelques minutes dans une poêle sèche.

Émietter les corn-flakes en les broyant avec la main.

Dresser les fruits dans 4 verres, et parsemer de miettes de corn-flakes et d'amandes grillées.

milk-shake au lait de coco

4 personnes / très simple / peu coûteuse / préparation : 5 min
1,5 banane / 40 cl de lait de coco / 6 glaçons / 2 cuil. à soupe de confiture de fraises ou de gelée de groseille.

Couper la banane en morceaux. Mixer tous les ingrédients jusqu'à obtenir un mélange bien lisse. Servir immédiatement.

sandwichs concombre et crevettes , p. 48

pique-nique

petits pains farcis aux œufs brouillés, p. 49

pratique

4 personnes
très simple / raisonnable
préparation : 15 min
repos : 20 minutes

sandwichs concombre et crevettes

ingrédients

5 brins d'aneth
1/2 concombre
4 muffins
180 g de chèvre frais
80 g de petites crevettes cuites décortiquées
Quelques gouttes de jus de citron
Sel, poivre du moulin.

Laver, effeuiller, sécher et hacher l'aneth.

Peler le concombre, le couper en tranches fines. Placer le tout dans une passoire, saupoudrer de sel fin et laisser dégorger 20 minutes.

Ouvrir les muffins en deux dans l'épaisseur et les faire légèrement griller.

Tartiner de chèvre 4 de ces tranches.

Poivrer (facultatif).

Essuyer les rondelles de concombre avec du papier absorbant. Les disposer sur le chèvre. Recouvrir de crevettes, ajouter quelques gouttes de jus de citron et refermer les sandwichs.

pratique

4 personnes
très simple / peu coûteuse
préparation : 10 min
repos : 10 min

sandwichs concombre et thon

ingrédients

1/3 concombre
150 g de maïs en boîte
100 g de thon blanc au naturel
1 cuil. à soupe de fromage blanc
5 brins de ciboulette hachée
1 cuil. à café de moutarde
1 filet de jus de citron
1 filet d'huile d'olive
8 tranches de pain de campagne
Sel, poivre.

Éplucher le concombre et le couper en tranches fines. Placer les rondelles de concombre dans une passoire. Saupoudrer de sel fin et laisser dégorger 20 minutes.

Égoutter le maïs puis le thon. Écraser le thon à la fourchette. Ajouter le fromage blanc, la ciboulette hachée, la moutarde, du sel, du poivre (facultatif), un filet de jus de citron et d'huile d'olive. Bien mélanger l'ensemble. Faire légèrement griller les tranches de pain de campagne puis les tartiner du mélange au thon.

Essuyer les tranches de concombre avec du papier absorbant. Recouvrir le thon de tranches de concombre puis de grains de maïs. Refermer les sandwichs.

pratique

4 personnes
très simple / peu coûteuse
préparation : 10 min
cuisson : 5 min

ingrédients

4 muffins
200 g de betterave cuite
1 cuil. à soupe de vinaigre de cidre
1 cuil. à café de moutarde
1 cuil. à café de miel liquide
3 cuil. à soupe d'huile d'olive
180 g de chèvre frais
2 cuil. à soupe de persil haché
Sel, poivre du moulin.

sandwichs chèvre et betterave

Couper les muffins en deux et les faire légèrement griller.

Éplucher la betterave, la diviser en 4 tranches un peu épaisses.

Préparer la sauce : dans un bol, fouetter du sel jusqu'à dissolution avec le vinaigre de cidre. Ajouter la moutarde, le miel, l'huile d'olive et le poivre (facultatif). Émulsionner bien l'ensemble.

Imbiber légèrement chaque tranche de pain de vinaigrette (attention à ne pas le détremper !).

Étaler le chèvre sur 4 tranches de pain , parsemer de persil puis répartir les rondelles de betterave. Refermer les sandwichs avec les tranches restantes.

pratique

4 personnes
très simple / peu coûteuse
préparation : 5 min
cuisson : 5 min

petits pains farcis aux œufs brouillés

ingrédients

2 tomates
4 tranches fines de jambon cru
4 œufs
1 cuil. à soupe de crème fraîche
1 noix de beurre
8 petits pains au sésame
Sel, poivre du moulin.

Laver et sécher les tomates. Les détailler en petits dés, saler légèrement.

Couper en deux les tranches de jambon cru.

Battre les œufs en omelette avec la crème fraîche, un peu de sel et de poivre. Faire fondre le beurre dans une poêle et y ajouter les œufs. Cuire à feu très doux, en remuant sans cesse, jusqu'à ce que les œufs soient cuits mais encore un peu humides. Les débarrasser dans une assiette pour arrêter la cuisson.

Ouvrir les petits pains en deux et y répartir les œufs brouillés, ajouter les dés de tomate et le jambon cru. Refermer les sandwichs.

pratique

4 personnes
très simple / raisonnable
préparation : 10 min
cuisson : 8 min

ingrédients

150 g de pâtes alphabet
1 filet d'huile d'olive
6 minicœurs de palmiers en bocal
12 miniépis de maïs en bocal
12 miniasperges vertes en bocal
125 g de miniboules de mozzarella
8 tomates cerise.

Pour l'assaisonnement
1 cuil. à soupe de jus de citron
1 cuil. à café de moutarde
3 cuil. à soupe d'huile d'olive
Sel, poivre du moulin.

pâtes alphabet et minilégumes en salade

Faire cuire les pâtes à l'eau bouillante salée pendant 8 minutes. Les égoutter puis les refroidir sous l'eau froide. Verser un filet d'huile d'olive et remuer pour éviter qu'elles ne collent.

Égoutter les légumes en bocaux dans une passoire ainsi que les petites boules de mozzarella.

Laver et essuyer les tomates cerise puis les couper en deux.

Couper les cœurs de palmier en quatre, les épis de maïs et les asperges en deux.

Préparer la sauce : fouetter du sel jusqu'à dissolution dans le jus de citron. Incorporer la moutarde, l'huile d'olive et un peu de poivre.

Rassembler tous les légumes, les boules de mozzarella et les pâtes dans un saladier, ajouter l'assaisonnement et bien mélanger l'ensemble.

pratique

4/6 personnes
facile / raisonnable
préparation : 25 min
cuisson : 1 h
repos : 30 min

ingrédients

4 branches de menthe
300 g de petits pois surgelés
200 g de biscuits apéritifs type crackers
60 g de beurre + 1 noisette pour le moule
150 g de feta
250 g de ricotta
2 cuil. à soupe d'huile d'olive
3 œufs
50 g de farine
Sel, poivre du moulin.

cheese-cake petits pois - menthe

Laver et ciseler la menthe.

Cuire les petits pois à l'eau frémissante pendant 10 minutes. Les égoutter et les laisser refroidir le temps de la préparation.

Placer les crackers dans le bol du mixeur et les émietter finement. Faire fondre le beurre dans une casserole puis y ajouter les biscuits en miettes. Bien mélanger pour que les biscuits s'imprègnent tous de beurre.

Beurrer un moule à manqué et tapisser le fond et les bords de cette préparation en tassant bien avec les doigts. Placer au réfrigérateur 30 minutes ou au congélateur 15 minutes.

Écraser la feta à la fourchette dans un saladier. Ajouter la ricotta et l'huile d'olive. Bien mélanger pour lisser le mélange. Battre les œufs en omelette dans un autre récipient et les incorporer à la préparation. Ajouter la farine en pluie par petites quantités, en fouettant énergiquement pour éviter la formation de grumeaux. Incorporer les petits pois et la menthe ciselée. Saler légèrement et poivrer. Verser le mélange dans le moule beurré.

Enfourner à 180 °C (th. 6) pour 50 minutes. Dès que le cheese-cake prend une belle couleur dorée, le couvrir d'une feuille de papier d'aluminium et continuer la cuisson.

→ Laisser refroidir avant de déguster accompagné d'une salade de roquette, de mesclun ou de pousses d'épinard.

pâtes alphabet et minilégumes en salade

pratique

4 personnes
élaborée / raisonnable
préparation : 25 min
cuisson : 10 min
repos : 12 heures

ingrédients

5 feuilles de gélatine
30 fraises Tagada
25 cl de crème fraîche liquide
4 blancs d'œufs
3 cuil. à soupe de confiture de fraises
25 biscuits roses de Reims
5 fraises.

charlotte rose aux fraises Tagada

Placer les feuilles de gélatine dans un bol d'eau froide pour les faire ramollir.

Couper 20 fraises Tagada en quatre à l'aide d'une paire de ciseaux. Faire chauffer la crème fleurette dans une casserole et y faire fondre les morceaux de fraises. Essorer les feuilles de gélatine en les serrant avec le poing et les incorporer à la préparation. Verser le tout dans un saladier.

Battre les blancs d'œufs en neige bien ferme et les ajouter au mélange, délicatement, en soulevant avec une spatule.

Dans une petite casserole, faire fondre la confiture à feu doux. Ajouter 30 cl d'eau, mélanger et porter à ébullition.

Tremper les biscuits dans ce sirop et en tapisser le fond et les parois d'un moule à charlotte. Verser ensuite la préparation dans le moule et couvrir d'un film plastique.

Placer 12 heures au réfrigérateur.

Pour démouler la charlotte plus facilement, tremper préalablement le moule dans l'eau tiède.

Décorer avec les fraises Tagada restantes et les fraises fraîches lavées et coupées en deux.

pratique

4/6 personnes
facile / peu coûteuse
préparation : 15 min
cuisson : 30 min

gâteau aux pommes

ingrédients

2 pommes moyennes
2 œufs
140 g de sucre en poudre
15 cl de lait
5 cl d'huile
140 g de farine
1 sachet de levure
1 noix de beurre
1 sachet de sucre vanillé.

Peler les pommes, en retirer le cœur et les pépins puis les couper en fines lamelles.

Battre au fouet les œufs et le sucre dans un récipient creux. Incorporer le lait et l'huile puis la farine en pluie en procédant par petites quantités. Ajouter la levure, mélanger à nouveau puis incorporer les pommes.

Beurrer un moule à manqué et y verser le mélange.

Enfourner à 210 °C (th. 7) pour 30 minutes. Vérifier la cuisson en plantant la lame d'un couteau, celle-ci doit ressortir sèche.

Dès la sortie du four, saupoudrer le gâteau de sucre vanillé.

charlotte rose aux fraises Tagada

salade de thon aux oignons rouges, p. 56

cuisine express en solo

assiette italienne, p. 61

pratique

1 personne
très simple / peu coûteuse
préparation : 10 min

ingrédients

1 petite boîte de thon blanc au naturel
1/2 oignon rouge
6 olives noires dénoyautées
4 brins de coriandre
1 cuil. à soupe d'huile d'olive
Le jus de 1 citron vert
Une pincée de graines de cumin
Sel, poivre 5 baies.

salade de thon aux oignons rouges

Placer la boîte de thon au réfrigérateur quelques heures avant la préparation ou, mieux, la veille.

Égoutter le thon dans une passoire.

Peler l'oignon rouge. Le hacher finement ainsi que les olives.

Laver, sécher, effeuiller la coriandre puis la ciseler finement.

Émietter le thon dans un petit saladier, un bol ou une assiette creuse. Ajouter les oignons rouges et les olives hachés. Arroser d'huile d'olive et de jus de citron vert. Assaisonner de sel et de poivre, parsemer de coriandre ciselée et de graines de cumin. Bien mélanger l'ensemble avant de déguster accompagné d'une salade verte.

pratique

1 personne
très simple / peu coûteuse
préparation : 10 min
repos : 20 min

ingrédients

1 avocat
Quelques gouttes de jus de citron
50 g de crevettes roses cuites et décortiquées
2 cuil. à soupe d'huile de tournesol
2 cuil. à café de sauce de soja
1 cuil. à soupe de coriandre hachée surgelée
Poivre du moulin.

tartare d'avocat aux crevettes roses

Ouvrir l'avocat en deux, retirer délicatement le noyau et la peau puis le couper en tranches fines. Verser quelques gouttes de jus de citron pour éviter qu'elles ne noircissent.

Disposer les tranches en rosace dans une assiette creuse.

Passer les crevettes au mixeur pour les hacher grossièrement puis parsemer ce hachis sur les tranches d'avocat. Réserver 20 minutes au réfrigérateur.

Dans un bol, fouetter l'huile de tournesol, la sauce de soja et une pincée de poivre.

Répartir la sauce sur le tartare et parsemer de coriandre.

tartare d'avocat aux crevettes roses

pratique

1 personnes
très simple / peu coûteuse
préparation : 10 min
repos : 15 min

ingrédients

1 courgette
3 brins de coriandre
1 filet de jus de citron
1 filet d'huile d'olive
Sel, poivre du moulin.

carpaccio de courgettes à la coriandre

Laver et essuyer la courgette et les brins de coriandre.

À l'aide d'un épluche-légumes, détailler la courgette en très fines lamelles, les plus larges possible.

Effeuiller puis hacher la coriandre.

Disposer les lamelles de courgette dans une assiette, arroser de jus de citron et d'huile d'olive.

Saler, poivrer et parsemer de coriandre hachée.

Laisser reposer 15 minutes au frais puis mélanger avant de déguster avec des tranches de pain catalan.

pratique

1 personnes
très simple / peu coûteuse
préparation : 5 min

ingrédients

3 tranches fines de pain de campagne
1 tomate
1 gousse d'ail
1 filet d'huile d'olive
6 filets d'anchois marinés.

pain catalan

Faire griller les tranches de pain.

Laver et essuyer la tomate, la couper en deux.

Éplucher la gousse d'ail, en frotter les tranches de pain, ajouter un filet d'huile d'olive. Frotter la tomate sur chaque tranche et y répartir les anchois marinés.

→ Déguster ces pains catalans accompagnés d'un carpaccio de courgettes

cuisse de poulet au citron confit et aux olives façon tajine

pratique

1 personne
facile / peu coûteuse
préparation : 5 min
cuisson : 40 min

ingrédients

1 oignon
1 citron confit
5 olives vertes dénoyautées
2 cuil. à soupe d'huile d'olive
1 cuisse de poulet
5 cl de vin blanc
Sel, poivre du moulin.

cuisse de poulet au citron confit et aux olives façon tajine

Éplucher et émincer l'oignon.

Couper le citron confit en quatre et les olives en deux.

Faire chauffer l'huile dans une sauteuse et y faire dorer le poulet 4 à 5 minutes de chaque côté. Retirer le poulet de la sauteuse et le remplacer par les oignons hachés. Les faire revenir 5 minutes environ jusqu'à ce qu'ils deviennent translucides. Ajouter les quartiers de citron confit et les olives. Poursuivre la cuisson 2 minutes en remuant, puis remettre la cuisse de poulet dans la sauteuse. Verser le vin blanc, saler et poivrer.

Couvrir et laisser cuire 25 minutes, en remuant de temps en temps.

Retirer le couvercle et faire épaissir la sauce pendant 5 minutes.

→ Servir avec du riz ou de la semoule.

pratique

1 personne
facile / raisonnable
préparation : 15 min
cuisson : 8 min

ingrédients

25 g de mesclun
2 brins de ciboulette
2 brins de persil
1 filet d'huile d'olive
1 trait de vinaigre balsamique
Une pincée de fleur de sel
6 petites asperges en bocal
2 œufs
1 cuil. à soupe de crème fraîche liquide
1 noisette de beurre
2 tranches de jambon de Parme
Sel, poivre du moulin.

assiette italienne

Laver et essorer le mesclun, la ciboulette et le persil.

Effeuiller le persil, couper les brins de ciboulette en trois.

Mélanger ces ingrédients, ajouter un filet d'huile d'olive et un trait de vinaigre balsamique, assaisonner de fleur de sel et de poivre du moulin.

Couper les asperges en petits morceaux.

Dans un bol, battre les œufs avec la crème liquide.
Ajouter les asperges en morceaux, assaisonner de sel et de poivre.

Faire fondre le beurre dans une petite casserole antiadhésive. Verser les œufs battus, baisser le feu au maximum et remuer le mélange avec une spatule en bois pendant la cuisson. Lorsque les œufs sont pris mais encore légèrement humides, les débarrasser dans une assiette pour arrêter la cuisson.

Dresser les œufs dans une assiette avec la salade mélangée et les tranches de jambon de Parme.

merlu koskera, p. 64

entre amis

souris d'agneau aux échalotes confites et au thym, p. 65

pratique

6 personnes
élaborée / raisonnable
préparation : 15 min
cuisson : 30 min

ingrédients

6 œufs
1 cube de bouillon de légumes
3 gousses d'ail
5 brins de persil
750 g d'asperges en bocal
6 darnes de merlu
3 cuil. à soupe d'huile d'olive
750 g de petits pois surgelés
5 feuilles de laurier
25 cl de vin blanc sec
450 g de moules surgelées
Sel, poivre.

merlu koskera

Placer les œufs dans une casserole et les recouvrir d'eau froide. Couvrir et allumer la flamme sur feu moyen. Lorsque l'eau frémit, retirer le couvercle et laisser cuire 10 minutes.

Dissoudre le cube de bouillon dans 60 cl d'eau bouillante.

Éplucher l'ail, diviser chaque gousse en deux, retirer leur germe avec la pointe d'un couteau puis les détailler en lamelles.

Laver et hacher le persil.

Égoutter les asperges dans une passoire.

Éponger les darnes de poisson avec du papier absorbant.

Faire chauffer l'huile dans une cocotte ou un grand plat en terre. Y faire revenir quelques minutes les lamelles d'ail. Ajouter ensuite le persil haché et mélanger.

Saisir les darnes de merlu 2 à 3 minutes de chaque côté. Ajouter les petits pois, les asperges et les feuilles de laurier. Arroser de bouillon et de vin blanc. Saler et poivrer puis déposer les moules sur le dessus. Laisser cuire à feu moyen pendant 15 minutes en surveillant.

Écaler les œufs, les couper en quatre et les ajouter au plat avant de servir.

→ Si l'on ne dispose pas d'une cocotte ou d'un plat en terre, on peut utiliser une sauteuse. Cuire alors sur feu doux pendant 25 minutes.

pratique

4 personnes
facile / coûteuse
préparation : 5 min
cuisson : 2 h 10 min

ingrédients

1 cube de bouillon de volaille
250 g d'échalotes
3 cuil. à soupe d'huile d'olive
4 souris d'agneau
1 cuil. à soupe de miel liquide
1 cuil. à soupe de thym
Une bonne pincée de piment doux
3 clous de girofle
Sel, poivre du moulin.

souris d'agneau aux échalotes confites et au thym

Dissoudre le cube de bouillon de volaille dans 50 cl d'eau bouillante.

Éplucher et émincer les échalotes.

Faire chauffer l'huile dans une cocotte assez grande et y faire dorer les souris d'agneau sur toutes les faces. Procéder en deux fois si nécessaire.

Retirer la viande et la remplacer par les échalotes émincées. Laisser dorer quelques minutes à feu doux en remuant fréquemment puis remettre la viande dans la cocotte.

Ajouter le miel, le thym, le piment doux, les clous de girofle, du sel et du poivre.

Verser le bouillon et cuire 1 heure 30 minutes à 2 heures, en surveillant et en remuant de temps à autre. Ajouter un peu d'eau, en cours de cuisson, si nécessaire.

→ Ce plat succulent est encore meilleur préparé la veille.

→ On peut utiliser le jus de cuisson pour préparer un accompagnement : laver 1 botte de carottes et les couper en rondelles. Les faire cuire à l'eau ou à la vapeur jusqu'à ce qu'elles commencent à s'attendrir. Pendant la cuisson des souris d'agneau, prélever 5 à 6 cuillerées à soupe de jus de cuisson, ajouter alors un peu de bouillon dans la cocotte. Terminer la cuisson des carottes dans le jus, d'abord à couvert puis en retirant le couvercle pour qu'elles caramélisent légèrement.

salade tiède de tagliatelles fraîches aux foies de volaille, p. 69

tarte fine aux aubergines et au pesto, p. 68

pratique

4/6 personnes
facile / peu coûteuse
préparation : 15 min
cuisson : 25 min

ingrédients

3 tomates séchées
1 crottin de Chavignol
300 g d'aubergines grillées surgelées
1 cuil. à soupe d'huile d'olive + 1 filet.
1 rouleau de pâte feuilletée
3 cuil. à soupe de pesto
2 cuil. à café de thym
Sel, poivre du moulin.

tarte fine aux aubergines et au pesto

Hacher les tomates séchées grossièrement.

Détailler le crottin de Chavignol en copeaux.

Faire revenir les aubergines à la poêle dans un peu d'huile d'olive une dizaine de minutes.

Huiler la plaque du four. Étaler la pâte feuilletée finement, au rouleau à pâtisserie, en essayant de lui donner une forme carrée. Disposer la pâte sur la plaque. Retirer ce qui dépasse avec un couteau puis rouler les côtés pour former un rebord de 1 cm.

Étaler le pesto sur le fond de tarte. Disposer les aubergines puis les tomates séchées hachées.

Parsemer de copeaux de chèvre et saupoudrer de thym. Saler, poivrer, arroser d'un filet d'huile d'olive. Enfourner à 210 °C (th. 7) en position basse du four pour 10 à 15 minutes. Surveiller attentivement la cuisson, la tarte est cuite lorsque les bords commencent à dorer.

→ Servir en entrée ou en plat accompagné de mesclun relevé d'un filet d'huile d'olive, d'un trait de vinaigre balsamique et d'une pincée de sel de Guérande.

pratique

4/6 personnes
facile / raisonnable
préparation : 15 min
cuisson : 1 h 10 min

ingrédients

1/2 cube de bouillon de volaille
4 oignons
1 kg de pommes de terre
1 cuil. à soupe de thym
2 feuilles de laurier
50 g de beurre
1 rôti de porc de 1 kg
2 cuil. à soupe de moutarde
Sel, poivre du moulin.

rôti de porc boulangère

Délayer le demi-cube de bouillon de volaille dans 25 cl d'eau bouillante.

Éplucher et couper les oignons en rondelles.

Peler, laver et essuyer les pommes de terre, les détailler en tranches fines.

Dans un saladier, mélanger les pommes de terre avec les oignons, le thym, le laurier émietté, du sel et du poivre.

Étaler ce mélange dans le fond d'un plat allant au four. Arroser le tout de bouillon jusqu'à ce que les légumes soient recouverts. Déposer le beurre coupé en petites parcelles au-dessus.

Enfourner à 210 °C (th. 7) pendant 20 minutes.

Enduire le rôti de moutarde, saler et poivrer. Sortir le plat du four et disposer la viande au-dessus. Augmenter la température du four à 240 °C (th. 8) et poursuivre la cuisson pendant 50 minutes.

Arroser la viande fréquemment pour ne pas qu'elle se dessèche, la retourner à mi-cuisson. Lorsque la deuxième face du rôti est dorée, baisser la température du four à 180 °C (th. 6) pour terminer la cuisson.

pratique

4 personnes
facile / peu coûteuse
préparation : 15 min
cuisson : 13 min

ingrédients

100 g de mâche
300 g de tagliatelles fraîches
1 filet d'huile d'olive
100 g d'échalotes
450 g de foies de volaille
Sel.

Pour la vinaigrette
2 gousses d'ail
2 cuil. à soupe de jus de citron
2 cuil. à café de moutarde
6 cuil. à soupe d'huile d'olive
2 cuil. à soupe de crème fraîche liquide
Sel, poivre du moulin.

salade tiède de tagliatelles fraîches aux foies de volaille

Laver et essorer la mâche.

Préparer la vinaigrette : éplucher et dégermer les gousses d'ail. Fouetter jusqu'à dissolution une bonne pincée de sel avec le jus de citron. Ajouter la moutarde puis l'huile d'olive. Incorporer la crème, presser l'ail avec un presse-ail, poivrer. Mélanger pour obtenir un mélange bien lisse.

Cuire les tagliatelles dans un grand volume d'eau bouillante salée pendant 2 à 3 minutes. Égoutter les pâtes, ajouter un filet d'huile, mélanger et réserver au chaud.

Éplucher et hacher les échalotes.

À l'aide d'un petit couteau, séparer les lobes des foies de volaille, retirer les nerfs puis couper chaque lobe en deux.

Faire revenir les échalotes, à feu doux, dans 2 cuillerées à soupe d'huile d'olive pendant 3 minutes. Augmenter la flamme, saisir les foies de volaille 3 à 4 minutes. Saler légèrement hors du feu.

Dresser la mâche dans le fond de 4 assiettes. Répartir les tagliatelles encore tièdes au centre, ajouter les foies de volaille. Arroser de vinaigrette. Servir immédiatement.

tartare de thon au citron vert, p. 72

petits plats raffinés pour tendre duo

barquettes d'endive à la fourme d'Ambert, p. 72

pratique

2 personnes
facile / coûteuse
préparation : 15 min
repos : 1 h

ingrédients

2 échalotes
1 citron vert non traité
1 tranche de thon de 225 g environ
1 cuil. à soupe d'huile d'olive
Fleur de sel, poivre cinq baies.

Pour la décoration
quelques feuilles de roquette, zestes de citron vert, tomates cerise.

tartare de thon au citron vert

Éplucher et hacher finement les échalotes.

Laver et essuyer le citron vert. Prélever une bande d'écorce de 3 cm environ et l'émincer très finement. Presser le citron.

Essuyer préalablement le thon avec du papier absorbant puis le détailler en petits cubes.

Placer les morceaux de thon dans un récipient creux, arroser de jus de citron et d'huile d'olive, ajouter les zestes de citron vert et les échalotes hachées, assaisonner de fleur de sel et de poivre cinq baies. Mélanger soigneusement l'ensemble.

Couvrir d'un film plastique et laisser reposer 1 heure au réfrigérateur.

Mélanger à nouveau et remplir de tartare des petits ramequins individuels, les démouler sur l'assiette de présentation, disposer autour quelques feuilles de roquette, des zestes de citron vert et des tomates cerise coupées en deux.

pratique

2 personnes
facile / peu coûteuse
préparation : 15 min
repos : 20 min

barquettes d'endive à la fourme d'Ambert

ingrédients

1 endive
1 poire
50 g de fourme d'Ambert
50 g de faisselle
1 cuil. à soupe de persil haché
1 cuil. à soupe d'huile de noix
1 cuil. à soupe de noix hachées
Sel, poivre du moulin.

Couper la base de l'endive puis l'effeuiller. Laver et sécher délicatement les feuilles. Sélectionner les plus larges.

Éplucher la poire. Ôter le cœur et les pépins, détailler la chair en petits cubes.

Émietter la fourme d'Ambert. Battre la faisselle avec le persil, du sel, du poivre et l'huile de noix. Ajouter la fourme émiettée, mélanger puis incorporer les dés de poire. Farcir les feuilles d'endive de ce mélange et saupoudrer de noix concassées.

Placer au réfrigérateur 20 minutes avant de servir.

pratique

2 personnes
facile / raisonnable
préparation : 10 min
cuisson : 2 min

ingrédients

100 g de roquette
60 g de parmesan
200 g de ravioles de Romans
1 cuil. à soupe d'huile d'olive + 1 filet
1 cuil. à soupe de vinaigre balsamique
15 cl de crème fraîche liquide
4 cuil. à soupe de ciboulette hachée
Sel, poivre du moulin.

salade de ravioles

Laver et essorer la roquette.

Détailler le parmesan en copeaux à l'aide d'un épluche-légumes.

Faire chauffer une grande quantité d'eau salée. Dès les premiers frémissements, ajouter les plaques de ravioles, baisser la flamme pour maintenir l'eau frémissante. Dès que les ravioles remontent à la surface, compter jusqu'à 10 et les récupérer délicatement à l'aide d'une écumoire. Verser un filet d'huile d'olive et mélanger toujours avec délicatesse pour ne pas les écraser.

Préparer l'assaisonnement : dissoudre une bonne pincée de sel dans le vinaigre balsamique, ajouter la crème puis l'huile d'olive. Poivrer et incorporer la ciboulette.

Disposer la roquette dans 2 saladiers individuels, répartir les ravioles. Verser la sauce et terminer par le parmesan râpé. Mélanger avant de servir.

lapin au chèvre et à la menthe

pratique

2 personnes
facile / raisonnable
préparation : 15 min
cuisson : 30 min

ingrédients

5 brins de menthe
100 g de chèvre en rouleau
2 cuil. à soupe de fromage blanc
40 g de beurre
2 râbles ou 2 cuisses de lapin
Sel, poivre du moulin.

lapin au chèvre et à la menthe

Laver, sécher, effeuiller et hacher la menthe.

Écraser le chèvre à la fourchette, dans un récipient creux. Ajouter le fromage blanc, le beurre et la menthe hachée. Assaisonner de sel et de poivre. Malaxer ces ingrédients jusqu'à obtenir une pâte.

Placer les morceaux de lapin dans le saladier, bien les enduire de cette pâte.

Disposer ensuite les morceaux de lapin dans un plat. Enfourner à 210 °C (th. 7) pendant 30 minutes.

pratique

2 personnes
facile / coûteuse
préparation : 10 min
cuisson : 25 min

ingrédients

400 g de lotte
10 g de beurre
1 cuil. à soupe d'huile
1 botte de cerfeuil
10 cl de vin blanc sec
2 cuil. à café de fumet de poisson
2 cuil. à soupe de crème fraîche
Sel, poivre du moulin.

nage de lotte au cerfeuil

Couper la lotte en tronçons de 5 cm. Faire chauffer le beurre et l'huile dans une sauteuse et y faire revenir les morceaux de poisson pendant 8 à 10 minutes, en les retournant fréquemment pour que toutes les faces soient bien dorées.

Laver, sécher et effeuiller le cerfeuil. Le passer au mixeur pour le réduire en une fine purée.

Lorsque les morceaux de lotte sont cuits, les retirer de la sauteuse et les réserver au chaud.

Déglacer la sauteuse en versant le vin blanc, racler délicatement le fond de la sauteuse avec une spatule en bois pour décoller les sucs de cuisson. Ajouter le fumet de poisson et 15 cl d'eau, laisser réduire la sauce pendant 5 minutes. Baisser le feu au maximum, ajouter la purée de cerfeuil
et la crème fraîche. Saler et poivrer, mélanger bien l'ensemble jusqu'à ce que la nage soit chaude.

Déposer les morceaux de lotte dedans et laisser réchauffer quelques instants, si nécessaire.

Répartir la nage de cerfeuil dans 2 assiettes creuses puis ajouter les morceaux de lotte.

→ Servir avec du riz blanc, de la semoule, des épinards...

pratique

2 personnes
facile / raisonnable
préparation : 5 min
cuisson : 10 min

ingrédients

1 citron vert non traité
2 blancs de poulet
1 cuil. à soupe d'huile
20 cl de lait de coco
1 cuil. à soupe de farine
Une pincée de cannelle
2 cuil. à soupe de sauce de soja
Une pincée de piment en poudre.

aiguillettes de poulet sauce thaïe

Laver et essuyer le citron vert. Râper le zeste jusqu'à obtenir l'équivalent de 1 cuillerée à café.

Éponger les blancs de poulet avec du papier absorbant puis les découper dans la longueur en aiguillettes de 1 cm de large.

Faire chauffer l'huile dans une poêle à bords hauts et y faire revenir les aiguillettes 3 à 4 minutes en les retournant.

Retirer les morceaux de poulet de la poêle, les réserver au chaud.

Verser le lait de coco, ajouter la farine en pluie. Remuer jusqu'à ce que le mélange soit homogène, ajouter les zestes de citron vert, la cannelle, la sauce de soja et le piment. Porter à ébullition puis laisser mijoter 6 à 7 minutes à petits bouillons.

Replacer les morceaux de poulet dans la sauce quelques instants pour les réchauffer.

Répartir les aiguillettes sur 2 assiettes, les napper de sauce.

→ Servir avec du riz blanc, des nouilles chinoises ou des vermicelles de riz. Décorer de rondelles de citron vert.

table des matières

Dépôt légal 2e trim. 2008 - n° 3 458